LA PORCIE ROMAINE

TRAGEDIE.

A PARIS,
Chez AVGVSTIN COVRBE', dans la petite Salle du Palais, à la Palme.

M. DC. XLVI.
AVEC PRIVILEGE DV ROY.

A
MADAME
MADAME
LA
MARQVISE
DE RAMBOVILLET.

ADAME,

C'est vne Dame Romaine, qui vient vous rendre ſes deuoirs. Si beaucoup de François, & de ceux, qui ſe piquent de connoiſtre les

personnes de son Païs, ne l'ont extrémement flatée, elle conserue encore assés de l'air de ce qu'elle fut autrefois, pour n'auoir pas besoin de vous dire son nom en vous abordant. Mais comme il n'y a que vous, MADAME, en ce Royaume, qui se puisse vanter d'auoir auec son païs & son sexe vne naissance & vne vertu pareilles aux siennes; c'est de vous seule, qu'elle veut sçauoir, si en quittant le langage de Rome, elle en a perdu les sentimens; Et sans tirer aucun auantage de tout ce qu'on a dit en sa faueur, c'est seulement par l'accueil que vous luy ferez, qu'elle veut juger d'elle-mesme. Elle espere de vostre bonté, que vous souffrirez son entretien, & pour peu que vous la trouuiez semblable à la fille du Grand Caton, & à la veufue de Brutus, elle vous estime trop genereuse pour ne s'asseurer pas, que vous luy dõnerez vostre protection: Et c'est, MADAME, l'esperance de ce glorieux auantage, qui l'a fait venir chez vous. Dans l'obligation, qu'elle a de se laisser voir à toute la France estrangere comme elle est, considerable seulement par la grandeur de ses disgraces, sans vne faueur comme la vostre, il n'est point de mauuaise rencontre qu'elle ne deût aprehender. Mais, si vous vous declarez pour elle, le respect qu'on a pour tout ce, que vous auoüez, la rendra aussi venerable dans les lieux de vostre séjour, qu'elle le fut autrefois dans ceux de vostre naissance, & n'estant plus estrangere, où vous estes si considerée, I'espere, MADAME, qu'elle aura assez de bonheur pour auoir l'entrée de plus curieux cabinets, & pour n'y perdre pas l'estime, qu'elle attend de vostre approbation. Aussi me flatant par auance du succez de mon essay, je m'esleue à des plus grands desseins, qui pourront mieux soustenir la dignité de vostre Nom, & vous faire agreer la hardiesse que je prens de me dire,

MADAME,

Vostre tres-humble, & tres-obeïssant seruiteur.

BOYER.

A MADAME LA MARQVISE de Ramboüillet.

SONNET.

SI j'ay fait à PORCIE vn monument de gloire,
Plus respecté du temps, que le marbre & l'airain;
Si je m'osois vanter d'auoir sçeu de ma main
Par des traits immortels ranimer son Histoire.

Vous, deuant qui l'oubly n'a point d'ombre assés noire,
Pour pouuoir obscurcir l'honneur du sang Romain;
Qui retracez en vous d'vn pinceau plus qu'humain
De vos diuins Ayeux l'adorable memoire;

Si vous parlez pour elle, à quel comble d'honneur
Doit esleuer PORCIE vn si rare bon-heur?
Et que pourroit contr'elle entreprendre l'enuie?

Aussi pour s'asseurer vn immortel renom,
Elle veut moins deuoir cette seconde vie
Au bruit de sa Vertu, qu'au bruit de vostre Nom.

BOYER.

EXTRAICT DV PRIVILEGE DV ROY.

PAR Grace & Priuilege du Roy, Dóné à Paris, le 9. iour de Iuillet 1646. signé par le Roy en son Cóseil, CONRART, & scellé, Il est permis à AVGVSTIN COVRBE' Marchand Libraire à Paris, d'imprimer ou faire imprimer, vendre & debiter vne Tragedie intitulée LA PORCIE ROMAINE, auec deffences à tous Imprimeurs & Libraires, & autres de quelque qualité & condition qu'ils soient, de le contrefaire ny d'en vendre de contrefaits en quelque sorte ny maniere que ce soit pendant le terme & espace de cinq ans, sans le consentement dudit exposant, sur les peines contenuës plus au long esdites Lettres de Priuilege.

Acheué d'imprimer le premier iour d'Aoust 1646.

Les Exemplaires ont esté fournis.

Fautes suruenuës à l'Impression.

P*Age* 17. *dernier vers*, tu sois, *lisez*, tout soit. *Pag*. 32. *premier vers*, auec, *lisez*, auecque. *Pag*. 43. *vers* 7. est succombé, *lisez*, a succombé. *Pag*. 64. *vers* 3. des faueurs, *lisez*, de faueurs. *Page* 69. *vers* 7. iusques à vous, *lisez*, iusqu'à vous. *Mesme page*, *vers suiuant*, iusqu'à tous, *lisez*, iusques à tous. *Page* 71. *vers* 3. yeux, *lisez*, vœux.

ACTEVRS.

BRVTE, }
CASSIE } Chefs de l'Armée.

PORCIE Femme de Brute.

IVLIE Confidente de Porcie.

MAXIME Gentilhomme de Brute.

PHILIPE Affranchy de Cassie.

OCTAVE Triomvir vn des Chefs de l'Armée ennemie.

VALERE Capitaine des Gardes d'Octaue.

Troupe des Soldats de Brute.

Troupe des Soldats d'Octaue.

La Scene est au Camp de Pharsale, dans la tante de Porcie.

LA PORCIE ROMAINE.

TRAGEDIE.

ACTE PREMIER.

SCENE PREMIERE.

BRVTE.

POurquoy mal à propos, jmage triste, & noire,
Troubles tu sans respect mon repos, et ma gloire?
Cesar est-ce ton ombre? et viens-tu dans ces lieux:
Exposer ma victoire, & ta mort à mes yeux?
Viens-tu pour redoubler l'ardeur qui me consomme,
M'aprendre par ta mort comme on affranchit Rome?

Ie sçauray m'acquerir, sans écouter ta voix,
L'honneur de t'affranchir vne seconde fois.
Mais peut-estre est-ce vous Phantosme venerable
Du grand & fier Caton, simulachre adorable.
Que me demandez-vous par ces tristes regards?
Belle ombre auez-vous soif du sang de deux Cesars?
Ma main à l'vn & l'autre également funeste,
Va répandre bien-tost tout le sang qui leur reste.
I'y cours; mais ce Demon s'opose à mes efforts.
Pardonnez, grand Caton, à mes derniers transports:
Si j'ay pris pour vostre ombre, vne ombre foible & lâche,
Qui pour ternir mon nom d'vne honteuse tâche,
S'efforce à retarder les desseins glorieux,
Que pour la liberté m'inspirerent les Dieux.
Maxime, à moy.

SCENE SECONDE.

MAXIME.

Seigneur,

BRVTE.

Voy cette ombre obstinée.
Mais ie ne la voy plus, & mon Ame estonnée
Sent vn trouble secret, quand cette ombre s'enfuit.
Sa presence m'anime, & sa fuite me nuit.
Ombre par ma constance heureusement vaincuë.
Sors, sors de ma pensée, ainsi que de ma veuë:
En vain tu fais sur moy tant d'efforts differens
Pour la honte de Rome, & l'honneur des Tyrans;
Redouble tes horreurs, porte-les à l'extréme:
Ie suis toûjours Romain, Brute est toûjours luy-méme.
Maxime aprens enfin le dessein que ie fais.

Les Dieux sont en courroux, s'ils le furent jamais:
Du moins s'il en faut croire à la voix des Oracles:
Il faut pourtant combatre, & vaincre ces obstacles;
Ou maistres, ou soubmis à nos persecuteurs,
Ou victimes de Rome, ou ses liberateurs,
Viuans dans la franchise, ou mourrans auec elle,
Decidons promptement cette vieille querelle.

MAXIME.

Quoy? Seigneur maintenant, quand les Dieux en courroux
De la grandeur Romaine ennemys ou jaloux,
Vous font voir clairement vos futures disgraces;
Et pour vous aduertir, n'vsent que des menaces!
Ecoutez leurs aduis, quoy que trop rigoureux,
Taschez d'en profiter, seruez-vous d'eux contr' eux;
Ne brauez pas la foudre, alors que les Dieux tonnent:
Qui vous peut soutenir, lorsqu'ils vous abandonnent?

BRVTE.

Ah! ne m'entretiens plus d'vn si lâche discours;
Que la Terre, et les Dieux me laissent sans secours;
Qu'ils n'osent me deffendre, & souteuir ma cheute;

Le seul Brute à ce coup sera le Dieu de Brute;
Et sans regler mon sort sur leurs sanglans auis,
Ie veux vaincre ou mourir sans les auoir suiuis.
Quoy? sur l'illusion d'une simple chimere,
D'vn spectre formé d'air, d'une ombre imaginaire,
Differer vn combat, où ie suis inuité!
Me faire soupçonner de quelque lâcheté!
Porte ailleurs ce conseil, monstre moins de foiblesse,
Caßie en rougiroit. Mais Dieux! quelle tristesse Cassie entre.
Couure, & paslit ce front autrefois si serain?
Est-ce là le maintien, & le front d'vn Romain?

SCENE TROISIESME.

CASSIE.

BRute ie suis Romain, cognoißez mieux Caßie:
Ie crains pour nostre Rome, & non pas pour ma vie.
Quoy seray-ie sans crainte, & sans ébranlement?
Quand ie voy nos Soldats fremir d'estonnement.

Ces horribles corbeaux, cette troupe affamée,
Dans ces champs de Pharsale au sang accoustumée,
Renouuelant l'espoir de leurs derniers butins,
Sont les noirs truchemens de nos mnuuais destins.
Ces menaces du Ciel, & mille autres présages
Ont droit d'espouuanter les plus fermes courages.
La rencontre d'vn Môre effroyable à nos yeux.
Vne sueur de sang qui coule de nos Dieux.
Mon cheual abatu par l'esclat de la foudre;
Et par le mesme éclat vn Autel mis en poudre.
Vn Prestre mort du coup, vn autre de frayeur.
La victime échapée au Sacrificateur.
Les malignes ardeurs d'vne estrange comete,
Qui rend d'estonnement la Nature muete:
Iustifient mon trouble, & font voir aujourd'huy,
Qu'icy ma crainte est juste en craignant pour autruy:
Et j'estime enuers Rome, insensible ou sans Zele,
Qui preuoit tant de maux, & ne craint rien pour elle.

BRVTE.

Dieux! s'il faut présumer que tout est arresté
Par l'immuable loy de la fatalité;
Pourquoy nous aduertir des maux ineuitables?
Si vos propres aduis vous font plus miserables,
Accablez-nous de maux, sans nous les annoncer.

Préuenez nos frayeurs : frapez sans menaçer.
Espargnez-nous au moins la honte de nous plaindre.
Laissez-nous esperer, si vous nous faites craindre.
Amy, ne croyons point à ces présages vains,
Taschons par nostre exemple à guerir les Romains
D'vne Religion, par qui Rome inuincible,
A des lâches frayeurs se trouue si sensible.
Cachons à l'Vniuers vn foible si honteux.
N'escoutons plus enfin ces Oracles douteux.
Consultons seulement Rome, & nostre courage.

CASSIE.

Brute, Rome pourtant craint l'effet du présage.
Vous sçauez que le Ciel par ses ordres cachez,
Tient à certains momens nos mal-heurs attachez.
Differons vn combat, que les Soldats en crainte,
Entreprendront sans doute auec trop de contrainte.
Donnons le temps au Ciel de trauailler pour nous;
Donnons-luy le loisir de vaincre son courroux;
Lassons sa cruauté par nostre patience;
Que sa longue fureur cede à nostre constance;
Et respectant la main qui nous a menacez,
Faisons rougir les Dieux de s'estre courroucez.

BRVTE.

Qu'ils rougissent plustost de voir perir Octaue:
De triomphant qu'il est, deuenir nostre Esclaue;
Et malgré les dangers, dont ils m'ont aduerty,
A leurs yeux, par nos mains, voir tomber leur party.
Car apres tout, Cassie, en l'estat où nous sommes;
Ou de nostre destin dépend celuy des hommes;
Pouuons-nous differer aux yeux de l'Vniuers
D'attaquer les Tyrans, qui le tiennent aux fers?
Vn moment de delay nous va couurir de honte.
L'orgueil des Ennemis nous braue, & nous affronte;
Et nous serons pourtant, quand il se faut vanger,
Moins ardens, & moins prompts qu'eux à nous outrager.
Que s'il faut deferer à la voix des augures;
S'ils nous ont annoncé nos tristes auantures;
Préuenons ces mal-heurs par vn illustre effort.
Pompée en diferant eut-il vn meilleur sort?
Peut-estre sa défaite aussi bien que sa fuite,
De ses retardemens fut l'effroyable suite.
Profitons de sa honte; & craignons aujourd'huy,
Que qui sçait diferer, peut bien fuïr comme luy.
Conseruons à jamais dans ces Ames Romaines

Nos

Nos premieres ardeurs, & nos premieres haines ;
Que nos derniers desseins respondent aux premiers ;
Que le Sort des Cæsars suiue ses heritiers :
Qu'ils tombent comme luy d'vne cheute si prompte ;
Qu'ils n'ayent pas le loisir de voir qui le surmonte ;
Qu'ils sçachent que le coup qui punit les Tyrans,
Est vn coup qui menace, & frape en méme temps.

CASSIE.

Brute a donc resolu de forcer mille obstacles.
De vaincre les Destins, de faire des miracles,
D'expozer tout vn Monde à la haine des Cieux :
Brute l'a resolu contre l'auis des Dieux.
Mais resistera-t'il à l'auis de Cassie?
Brute se souuient-il qu'il hazarde Porcie?

BRVTE.

Ie sens à ce beau nom chanceler ma vertu:
Chaste, & diuin amour, dont ie suis combâtu,
Toy, de qui je ressens les mortelles atteintes,
Doux, & fort ennemy, qui fais toutes mes craintes,
Exerçe sur mon cœur vn empire plus doux ;
Souffre qu'il serue Rome, & n'en sois pas jaloux.
Voy quel est ton pouuoir en voyant sa foiblesse ?

Puisqu'il ayme Porcie auec tant de tendresse,
Qu'il ne l'oze exposer à ces fameux reuers,
A qui j'oze exposer Rome, & tout l'Vniuers.

CASSIE.

Vous vous rendez enfin.

BRVTE.

Oüy, ie me rends Cassie,
Ie me rends sans rougir en faueur de Porcie;
Et ie fus enuers elle ingrat, & sans soucy,
D'auoir voulu combâtre en la voyant icy.
Ne me reproche point pour soüiller ma memoire,
Rome, que mon Amour a retardé ta gloire;
Prens pitié de ma flâme, au lieu d'en murmurer,
Si pour seruir Porcie, il m'en faut separer.
Dures extremitez, qui partagent mon Ame,
Où le méme dessein sert & nuit à ma flâme.
Si j'ayme ma Porcie, il me la faut banir;
Et cette méme ardeur tâche à la retenir.
Mais c'est trop consulter, lors qu'il faut entreprendre:
En vain contre l'Amour, l'Amour se veut deffendre,
Allons treuuer Porcie; & pressons ce moment,
Qui doit haster ma gloire, & son esloignement.

O! Dieux que cét objet met du trouble en mon Ame! Porcie entre.
Qu'vn cœur est esbranlé par les yeux d'vne femme!

SCENE QVATRIESME.

BRVTE, PORCIE, CASSIE, IVLIE.

BRVTE à PORCIE.

ENfin nous arriuons à ce funeste jour,
Trop differé pour Rome, & peu pour nostre Amour.
L'Ennemy s'offre à nous, Cæsar est tout en armes;
Et mon Amour troublée au bruit de tant d'alarmes,
Ne vous voit qu'en tremblant au milieu des hazars.
Echapez promptement à la fureur de Mars.
En vain vous me priez de garder ce que j'aime;
Mon Amour qui le veut, le refuze à soy-méme.
Vostre exil sera court; déja nostre destin
Precipitant son cours, incline vers sa fin.
Il est vray que le Ciel jaloux de ma victoire,

Me remplit de l'espoir de ma future gloire :
Ie sens bien que les Dieux se declarent pour nous,
Mais j'aime, et cét Amour me fait craindre pour vous.
Fuyez-donc pour ma gloire : icy vostre presence
Irrite mes frayeurs, & trahit ma constance.
N'exposés pas-tout, Brute, & que vostre pitié
Mette enfin à couuert sa plus belle moitié.

PORCIE.

Quoy ! vous me renuoyeZ ; Brute bannit sa femme ?
Et ce cruel diuorce est l'effet de sa flâme !
M'aime-t'il de la sorte ? & faut-il aujourd'huy,
Que ce qui nous vnit me separe de luy ?
Faut-il que par vn sort honteux à ma naissance,
Vous m'esloigneZ des lieux, où j'atens ma vengeance ?
Quand l'ennemy s'aproche, & vient fondre sur nous,
C'est son premier exploict de m'esloigner de vous.
Luy donnez-vous déja ce superbe auantage,
De paroistre plus fort que nostre mariage ?
Quoy ? me soupçonneZ-vous ? ay-je le cœur trop bas ?
Seray-je en asseurance où vous ne sereZ pas ?
Puis-je estre en asseurance en craignant vostre chute ?
Si vous craignez pour moy, ie ne crains que pour Brute :
Brute estant exposé, ie suis dans le danger ;
Et mon esloignement ne m'en peut dégager.

Si le Sort vous couronne, & cede à ma priere,
L'Espouze du Vainqueur le sçaura la derniere;
Et peut-estre Cæsar en fuyant le peril,
Peut venir dans vn lieu fameux par mon exil;
Et me mettant aux fers pour reparer sa gloire,
Vous punir par sa fuite, & par vostre victoire.
Que si le Ciel injuste a juré vostre mort;
Ie viuray cependant ignorant vostre sort;
Et quand ie l'auray sçeu, je ne puis que vous suiure,
Moy qui ne deurois pas vn moment vous suruiure,
Ah! quitez ce dessein, j'embrasse vos genoux:
Par le cher nom de Brute, & par celuy d'Espoux:
Par ces pleurs, par ce cœur, & par cette tendresse....

BRVTE en l'interrompant.

Que faites-vous, Madame, espargnés ma foiblesse;
Faites à mon Amour vne plus juste loy.
Vsés mieux du pouuoir que vous auez sur moy.
Pourray-ie resister à de si puissans charmes?
Brute n'a pas vn cœur à l'espreuue des larmes:
Demeurés, j'y consens. Ah! cruel, cœur ingrat;
Expozer ma Porcie aux hazards du combat.
Mais las! elle le veut, Vous le voulez Madame;
Estes vous si contraire aux desseins de mon Ame.
Puis-je vaincre, & trembler en vous voyant icy?

Puis-je toûjours rongé par ce pressant soucy,
Prester tout mon esprit aux desseins de ma gloire?
Et m'abandonner tout aux soins de ma victoire?

PORCIE.

Icy donc ma presence abat vn si grand cœur?
Ah! plustost redoublez sa force, & sa valeur.
Tirez de ma presence vn si noble auantage,
Qu'elle vous fasse agir auec plus de courage,
Pour combâtre, pour vaincre, & pour vous conseruer,
Ayant auecque Rome vne femme à sauuer.

BRVTE.

Il est vray, je l'aduouë, icy vostre presence
Doit pour vostre interest soustenir ma constance:
Que ne feray-ie point aidé par vos regars?
Que les Dieux contre nous arment mille Cesars,
Ie puis en vangeant Rome, & seruant ma Porcie
Asseurer contre tous mon honneur, & ma vie:
Mais contre mes desirs, & malgré tant d'ardeur
Vn secret mouuement réueille ma frayeur.
Si le sort nous veut perdre, & s'arme pour Octaue,
Pouuez-vous pas enfin deuenir son esclaue?
Vous le pouuez, Madame, & j'en fremis d'horreur.

Je voy dessous les fers soûpirer ce grand cœur ;
Ie voys à nos Tyrans, Porcie abandonnée,
Par vn char triomphant insolemment traisnee,
O! Dieux.

PORCIE.

Me faites-vous vn si lasche destin?
Voyez quel fut Caton ; et quelle fut sa fin :
Reconnoissez son sang ; & sçachez que sa fille
Ne trahira iamais l'honneur de sa famille.
Prèuoyant sa défaite attendit-il Cesar?
Voulut-il augmenter la pompe de son char?
Sceut-il pas par vn coup digne d'vn si grand homme
Se soustraire au destin, qui fit succomber Rome?
Et malgré l'ennemy qui creut l'auoir vaincu,
Mourir libre & Romain comme il auoit vécu?
Ainsi mourut Caton, ainsi mourra Porcie.
Et si iamais Cesar me tenoit asseruie,
J'irai chercher la mort par cent chemins diuers ;
Mon iuste desespoir triompheroit des fers ;
On me verroit perir par mon propre esclauage,
Et faisant de ma chaine vn effroyable vsage
Changer heureusement par vn illustre effort
L'instrument de ma honte en celuy de ma mort.
Enfin vous me verrez au milieu de ma chéute,

Digne ſang de Caton, digne femme de Brute;
Imiter comme il faut vn pere genereux;
Jmiter mon époux; & repondre à tous deux.
Reconnoiſſez Porcie à cét adueu fidele.

BRVTE.

Plus ie la reconnois, & plus ie crains pour elle.
Cachez-moi des apas, que ie n'oſe expoſer;
Quoi que tant de Vertu ſemble m'y diſpoſer,
Cette méme Vertu dans ce peril extréme
Semble me le deffendre, & s'opoſe à ſoi-méme.
Hé! que deuiendrez-vous dans ces funeſtes lieux?
Où mille & mille horreurs bleſſeront ces beaux Yeux;
Où l'on verra la mort par ſes frequens carnages
Etaler dans ces champs ſes plus noires images;
Et ſans conſiderer alliance ni rang
Tirer de mille endroits vn deluge de ſang.

PORCIE.

Je verrai ces horreurs ſeruir à voſtre gloire,
Et ces torrens de ſang haſter voſtre victoire.
Ne m'eſtant pas permis d'aider que par des vœux
La gloire, & le ſuccez d'vn combat ſi fameux;
Ie pourray pour le moins voir de prés auec joye.

Tous

Tous nos Persecuteurs deuenir nostre proye.
Voir briser tous nos fers, voir vanger nos parens,
Triompher nostre Rome, & tomber ses Tyrans.

BRVTE.

O! cœur vraiment Romain, & digne de la gloire,
Qui de plus grands Heros illustre la memoire,
Ie ne resiste plus, demeurez, i'y consens;
Mon cœur se rend enfin à des vœux si pressans.
L'honneur & l'amitié, l'vn jaloux, l'autre tendre,
M'inspiroient des frayeurs, qui me venoient surprendre:
Mais malgré ces frayeurs, dont ils m'ont combattu,
Ie sens qu'ils sont d'accord auec vostre Vertu.
Puisque par nostre Hymen le destin nous assemble,
Ne nous separons point, viuons, mourons ensemble.
Courons d'vn mesme pas, & par vn mesme sort
Dans les bras de la gloire, ou dans ceux de la mort.

à CASSIE.

Tu vois qu'elle est Porcie, & par cette constance
Voy comme elle s'accorde à mon impatience,
Va donc par ta presence animer le soldat,
Demain que tu sois prest pour donner le combat.

La nuit s'auance fort. Cependant cher Caßie,
J'auray soin de pouruoir au salut de Porcie.
Tu sçais combien ce soin importe à mon Amour.
Adieu, nous nous verrons à la pointe du jour.

Fin du premier Acte.

ACTE DEVXIESME.

SCENE PREMIERE.

BRVTE entre d'vn costé, & CASSIE de l'autre.

BRVTE.

HE bien, tout est-il prest.

CASSIE.

Oüy, Brute, il faut combâtre:
Les Soldats, que les Dieux semblent vouloir abâtre,
Et qu'ils auoient émeu par d'injustes frayeurs,
Ont repris par ma voix leurs premieres ardeurs.

Amys (leur ay-je dit d'vne voix assez forte)
Quelle soudaine peur vous abat de la sorte?
Ces cœurs dans les perils éprouués si souuent
Se laissent-ils troubler par vn souffle de vent?
Par le feu d'vn éclair? par le bruit d'vn orage?
Par les cris des corbeaux animés au carnage,
Qui demandent le sang, qu'il vous faut immoler
Et bruslent d'vne soif, dont vous deuez bruster?
Rome et la Liberté, ces deux noms adorables
Vous sont-ils maintenant si peu considerables,
Que vous les negligiés par des presages vains,
Et qu'on doute à vous voir, si vous estes Romains.
A ces mots, i'aperçoy qu'vne ardeur viue, et prompte,
Rougit leurs fronts palis d'vne superbe honte,
Et leurs esprits enfin pleinement excitez
Font briller dans leurs yeux ces malignes clartez.
Dont vn aspre dépit, & l'effort de la rage
Dans leur premier transport arment vn grand courage,
Et tous meslant leurs voix dans vn commun éclat,
Par des cris redoublez s'animent au combat.
On n'attend plus que vous.

BRVTE.

Allons donc: mais Cassie.

CASSIE.

Quoy?

BRVTE.

Ie reuoy tousiours l'image de Porcie;
Tu vois que ie l'expose, & que malgré mes vœux
Rien ne peut ébransler vn cœur si genereux.
Que n'estes vous, Porcie, vn peu moins genereuse,
Ou que n'és-tu mon ame vn peu moins amoureuse.
Ce cœur trop chancelant au poinct d'executer.
N'aurroit pas des frayeurs, qu'il ne peut surmonter.

CASSIE.

Qu'aués-vous resolu?

BRVTE.

De courir à la gloire,
De seruir mon amour, sans soüiller ma memoire;
D'aymer tousiours Porcie, & de la conseruer,
De respandre mon sang, pour vaincre, & la sauuer;
De rompre en sa faueur les plus puißans obstacles;

Et de faire à ses yeux ces illustres miracles.
Souffre qu'auparauant j'aille voir ces beaux yeux ;
Et qu'en eux seulement j'implore tous mes Dieux.
Ie te suiuray de prez, où le deuoir m'apelle.
Elle vient ; vn Adieu me rend quite enuers elle.
Accorde à mon Amour ce funeste loisir ;
Va, ne sois pas tesmoin de nostre déplaisir.

SCENE DEVXIESME.

BRVTE, PORCIE, IVLIE, MAXIME.

BRVTE à PORCIE.

IL est temps de partir : souffrez que ie vous quite :
On presse le combat, Rome m'y sollicite ;
Et la voix du Soldat plein d'vn noble courroux,
M'inspire maintenant ce qu'il attend de nous.
I'ay voulu differer pour l'amour de Porcie,
Ie l'ay fait, & ma gloire en seroit obscurcie

Si quelque autre sujet auoit eu le pouuoir
De suspendre vn moment l'effet de mon deuoir.
Par ce retardement jugez quelle est ma flamme,
Et voyant le pouuoir, qu'elle prend sur mon Ame,
N'exigez pas d'vn cœur soubmis à vostre loy,
Rien, qui puisse estre indigne, & de vous, & de moy.
Regnez sur vostre espoux, mais regnez en Romaine;
Imposez-nous des loix dignes de nostre haine;
Commandez-nous de vaincre; & par nostre valeur,
Porter chez l'ennemy la honte, & le malheur.
Redoublez mes ardeurs, & mon obeïssance,
Par le soin de ma gloire, & de vostre vengeance;
Enfin commandez-moy de sortir de ces lieux,
Et par de telles loix faites-moy vos adieux.
Mais vous pleurez Porcie: est-ce auecque des larmes,
Que vous me commandez d'aller prendre les armes?
Voulez-vous de la sorte animer ce grand cœur?
N'est-ce pas luy deffendre auec trop de rigueur,
Ce que vostre vertu luy commande sans cesse?
Se peut-elle accorder auec tant de foiblesse?
Par quels vœux autrefois dignes de nostre amour
Pressiez-vous tous les Dieux de haster ce grand jour?
De vanger vostre pere, & par des morts sans nombre,
Remplir pompeusement l'atente de son ombre?
Blamez-vous maintenant par des lâches soûpirs,
Ceux que mirent au jour ces glorieux desirs.

Faites à ces soûpirs vne plus noble cause ;
Qu'ils seruent au dessein, que mon cœur se propose ;
Changez en des effets de generosité,
Ces indignes tesmoins de nostre lâcheté :
Soûpirez pour ma gloire, ainsi que pour la vostre ;
Enfin soyez Porcie, & ne soyez point autre.

PORCIE.

Me mécognoissez vous souz vn voile de pleurs ?
Ou bien suis-je changée au milieu des douleurs ?
Est-ce là le reproche où mon amour m'expose ?
Condamnez-vous l'effect, dont vous aimez la cause ?
Si j'ay versé des pleurs dans ce funeste jour,
En cherchez-vous la source ailleurs qu'en mon amour ?
Ie jure, si jamais la crainte ou la foiblesse,
Deshonoroient ce front de la moindre tristesse,
De lauer dans mon sang la honte de ces pleurs,
Et punir par ma mort, l'effet de nos malheurs.
Dieux ! j'ay fait de mes pleurs vn assez long vsage,
Mais y remarquez-vous vn deffaut de courage.
Non non, Brute, mais i'aime, & puisque vous m'aimez,
Pardonnez à l'amour, le dueil que vous blasmez :
Les Dieux me sont tesmoings que cette impatience,
Qu'excite dans nos cœurs vne illustre vengeance,
Me presse comme vous par des efforts puissans.

Et

Et vostre impatience est celle que ie sens.
Mais pour faire éclater ce feu qui me consomme,
Receués cét aueu fait en faueur de Rome.
Il est vray, i'aime Brute auec toute l'ardeur,
Qu'vne amitié constante exige d'vn grand cœur:
Mais auec quelque ardeur dont i'aime vn si grand hõme,
Si ie l'aime beaucoup, c'est vn peu moins que Rome.
I'exposerois pour elle amys, parens, espoux;
Voilà les sentimens, que i'ay receu de vous;
C'est ce Zele Romain, & cette belle flâme
Que le sang des Catons a versé dans mon ame.
Si la voix de mes pleurs a retardé vos pas,
Suiuez celle de Rome, & ne diferez pas:
Ne vous souuenez plus que i'ay versé des larmes:
Et s'il vous en souuient au milieu des allarmes;
Alors que vostre bras ira de toutes pars
Signaler sa valeur dans les plus grands hazars:
Connoissant par ces pleurs que ma flâme est extréme,
Brute alors, s'il se peut, espargnez ce que i'aime.
Adieu, ne tardez plus à partir de ces lieux:
Dérobez promptement cét objet à mes yeux;
Cét objet trop charmant, qui trouble ma constance,
Plus i'en sens les douceurs, plus ie crains son absence.

BRVTE.

Adieu donc, ma Porcie.

PORCIE.

Adieu, ſouuenez-vous,
Que Brute eſt tout mon bien, que Brute eſt mon époux:
Et ſi le Ciel, helas! par vn coup trop funeſte...
Pardonnés de ſouſpirs qui vous diront le reſte.

BRVTE.

Madame eſperés mieux, adieu; Demeure icy
Maxime, prens ſoin d'elle; & toy Julie auſſi.

SCENE TROISIESME.

PORCIE, IVLIE.

PORCIE.

IL est party, Iulie, & ie n'ose m'en plaindre
Rome me le deffend, lors que i'ay tout à craindre;
Et mon cœur ébranslé, mais qui n'ose faillir,
Gemit soubs vn deuoir, qu'il ne peut accomplir.
Triste, & cruel deuoir, fier tyran de mon ame.
Toy, qui voys mon amour, toy qui nourris sa flamme,
Peux-tu sans injustice exiger de mon cœur:
Qu'en s'ouurant à l'amour, il se ferme à la peur?
Forces-tu la nature, & par tes tyrannies
Oses-tu separer deux passions vnies?
Lors qu'on void vn époux au milieu des combats.

Vn cœur est-il humain, s'il l'aime, & ne craint pas?
Rome qui fais ces loix, & qui les iustifies,
Qui regnes sur nos cœurs autant que sur nos vies:
Et vous, braues Heros, qui parmy vos mal-heurs
Deuoriés constãment vos soûpirs, & vos pleurs;
Ombres de Scipions, des Catons, des Pompées,
Si quelque plus grand soin ne vous tient occupées,
Descendés dans mon ame, & prestés vos esprits
A ce cœur amoureux, que la crainte a surpris.
Que vos illustres noms sont chers à ma memoire!
Qu'ils seruent à propos mon Amour, & ma gloire!
Dés lors qu'à mon esprit vous les aués fait voir,
Il a conceu pour Brute vn glorieux espoir.
Oüy je sens sa victoire, & vos ames Romaines
Voyant reuiure en luy vos desseins, & vos haines,
Me viennent aduertir par des auis secrets
Que vous deués par luy vanger vos interests.
Va donc Brute apuyé par ces diuins genies
Triompher des Cesars, punir leurs tyrannies,
Voy ce que tes ayeux ont fait par le passé:
Et tasche d'acheuer ce qu'ils ont commencé.
Qu'Octaue pâlissant à ce seul nom de Brute,
Craigne de nos Tarquins, & la honte, & la chûte,
Et qu'il éprouue enfin que tes fameux parens
Ont remis dans tes mains la foudre des Tyrans.
Oüy, Julie, aussi-tost que i'offre à ma memoire

Cette suitte des Rois, qui noircit nostre histoire,
Et qu'vn Brute ialoux de nostre liberté
Rendit leur nom horrible à la posterité:
Lors qu'il me ressouuient que ce grand Politique
D'vn Regne violent fit vne Republique,
Et faisant des Consuls vn legitime choix,
Mit des Peres dans Rome à la place des Rois:
Quand ie voy mon époux digne sang d'vn tel homme
Renouuellant l'ardeur de nostre ancienne Rome,
Immoler par sa main ce Cesar plein d'effroy,
Qui soubs ce nom fameux cachoit celuy de Roy,
Et qu'ensuite ie voy qu'il s'arme, & qu'il s'expose,
Et pour la mesme Rome, & pour la mesme cause;
Sans craindre des destins les ordres inconstans
Je voy dans le passé le succez que i'attens.
Mais Maxime est icy, certes cela m'estonne
Quand Brute est au combat, Maxime l'abandonne.
Quoy ce Zele, ce cœur, si grand, & si connu,
Se dément-il si-tost, ou qu'est-il deuenu?
Veut-il suiure le sort de ces ames seruiles?
Qui sans s'interresser dans nos guerres ciuiles,
Et suiuant du vainqueur la fortune, et l'apuy,
Triomphent sans combattre, & vainquent par autruy.
Donc, de la liberté fais-tu si peu de conte?
Quoy? Maxime, ce front craint-il si peu la honte?
Et ton cœur trop ialoux de tout le sang Romain

Craint-il d'en prodiguer, ou d'en soüiller ta main?
Non, ne perds point le temps à chercher quelque excuse:
Ta presence en ces lieux est tout ce qui t'accuse,
Si donc de ta valeur ie m'ose deffier,
Va, cours, volle au combat pour te iustifier.

MAXIME.

Ne blasmez point, Madame, vn deuoir legitime;
Si ie suis criminel, Brute a fait tout le crime,
Qui pour mieux signaler l'amitié d'vn époux
M'oblige d'arrester, & d'estre auprés de vous.

PORCIE.

Voy, ma chere Iulie à quel poinct Brute m'aime:
Il me laisse Maxime, & s'en priue lui-mesme.
Il quitte en ma faueur vn si fidele apuy.
Dieux, qu'il a soin de moy. Qu'il en a peu de luy!
Je le voy dans le sang, dans le camp, dans la poudre;
Ie me voy dans ma tante à l'abry de la foudre;
Il est dans les hazards, & l'on me garde icy?
Mais s'il est au combat, n'y suis-je pas aussi?
Oüy, Maxime, j'y suis; & pour garder Porcie,
Va t'en auprés de Brute, & prens soin de sa vie:
C'est en luy seulement que tu vois tout mon bien,

En lui ie trouue tout, & sans lui tout m'est rien.
Va donc garder l'endroit, par où ie suis sensible;
Si Brute est à couuert, ie suis inaccessible,
Et les plus grãds malheurs qu'õ peut craindre aujourd'huy
Pour venir iusqu'à moy doiuent passer par luy.
Va.

MAXIME.

Mais que dira-t'il?

PORCIE.

Que Maxime est fidelle,
Et qu'il a pour Porcie vn veritable Zele;
Que si sa tendre amour blasme ce procedé;
Dis que c'est mon amour, qui te l'a commandé;
Que c'est luy, qui luy rend tes soins, & ta presence;
Qu'il a rompu son ordre, & ton obeïssance?
Et que sans me fier à quelque autre secours
Ie remets dans ses mains tout le soin de mes iours.
Si tu crois neantmoins qu'vn deuoir trop seuere
T'oblige d'arrester de peur de luy desplaire,
Pour le moins va sçauoir, s'il est en bon estat,
Et reuiens m'aduertir du succez du combat.

SCENE QVATRIESME.

PORCIE continuë.

IE puis donc maintenant auec confidence
T'expliquer mes douleurs, & mon peu de constance:
Quelques beaux sentimens que ie fasse éclater,
Vne secrette peur me vient persecuter.
Si i'esleue mon cœur dans vn penser sublime
Par l'effort glorieux d'vn espoir legitime,
Il descend par la crainte, & toute sa vigueur
L'abandonne aussi-tost, & se tourne en langueur.
Je voy Brute vainqueur, & mon ame orgueilleuse
Conçoit de ses exploits l'idée auantageuse:
Mais mon amour timide efface ces beaux trais,
Et semble demander vne honteuse pais.
Dieux, vous qui dans mon cœur faites tousiours décendre
Vn sentiment contraire à celuy qu'il doit prendre;

Vn

Qu'ai-je fait contre vous ? quel crime ay-ie commis,
Qui vous fasse aujourd'huy mes plus grands ennemis ?
Quoy, nous enuiez-vous vne entiere victoire ?
Ostez-vous à ce tout la moitié de sa gloire ?
Et me donnant pour Brute vne indigne pitié,
Faut-il quand il triomphe, abatre sa moitié ?
S'il le faut, justes Dieux, acheuez vostre ouurage,
Et foulez dans mon sang vostre jalouze rage.
Mais ie ressens assez vostre extréme rigueur
Par les impressions d'vne injuste frayeur.
Il vous sufit, cruels, de voir trembler Porcie:
Vous attaquez sa gloire en luy laissant la vie;
Et sçachant de quelle air elle a tousiours vescu,
Si son cœur est troublé, vous le croyez vaincu.
Dieux qui reglez nos cœurs par vn pouuoir supréme,
Abandonnez ce soin, laissez-nous à nous-méme:
Pour vn peu de secours que l'on reçoit de vous,
Vous nous donnez des pleurs trop indignes de nous.

IVLIE.

Vous vous emportez trop à d'inutiles plaintes:
Nous-mesme, non les Dieux, faisons toutes nos craintes.
Mais quel est le sujet de ces promptes frayeurs ?

PORCIE.

Icy tous les objets me causent mille horreurs.
Ces restes malheureux d'vne effroyable armée,
Rome dedans ces lieux à demy consommée,
Ce tas de corps pourris, ces ossemens épars,
Que nos derniers combats sement de toutes pars;
Ce theâtre fameux de nos guerres ciuiles.
Ces champs par nos mal-heurs deuenus plus fertiles,
Ces lieux à peine secs du sang de nos parens,
Rapellent nos frayeurs, & flatent nos Tyrans.
C'est icy qu'à Cesar on vit ceder Pompée,
Lors mesme que pour luy Brute tira l'espée.
Si donc Pompée a fuy par Brute secondé,
Brute tiendra-t'il ferme où tous deux ont cedé?
Voy par quelles terreurs le Ciel me persecute.

IVLIE.

Sur ces lâches destins, reglez-vous ceux de Brute?
Et faut-il qu'vne fille en cette extremité
Vous fasse des leçons de generosité?
Non, que j'oze blâmer ce que l'Amour fait naistre:

Mais enfin il eſt temps que vous faſsiez paraiſtre.
Que l'Amour qui produit ces tendres mouuemens,
Ne deſcend pas chez vous en de bas ſentimens;
Que puiſque la vertu ne hait pas la tendreſſe,
D'elle vient voſtre peur, non de quelque foibleſſe;
Et que par des penſers dignes des plus grands cœurs
Vous ſçaurez démentir ces indignes terreurs.
Si Brute a donc ſuiuy le deſtin de Pompée;
Si de quelque frayeur ce coup vous a frapée;
Dites que ſa valeur en cette occaſion,
Voulut par vne adroite, & juste ambition,
Reſeruer à luy ſeul vne illustre victoire,
Dont le nom de Pompée eut abſorbé la gloire:
Qu'il eſpargna Ceſar, & qu'il le couronna,
Pour rendre plus fameux le coup qu'il luy donna.
Si ce lieu plein d'effroy preſente à voſtre veuë,
De tant d'illuſtres morts la cendre confonduë;
Si ces vieux oſſemens l'vn ſur l'autre entaſſez
Vous font aprehender tous nos mal-heurs paſſez:
Enfin, ſi dans ces lieux on vit la tyrannie
Triompher vne fois, on l'y verra punie.
Nous auons d'autres Dieux contre d'autres Tyrans;
Nous auons d'autres mains pour vanger nos parens,
Et l'on verra la mort dans ces plaines ſanglantes
Nous preſter le ſecours de leurs ombres errantes.

Ainsi ce qui produit vos agitations,
Doit icy soustenir vos resolutions.

PORCIE.

Que tes discours, Julie, eschauffent mon courage!
Oüy, ie sens tes ardeurs, j'accepte ton présage:
Tout m'offre vn bon succez, & tout semble augmenter
L'espoir ambitieux dont tu m'oses flateur.
Allons, pour contenter le soin qui me trauaille,
Descouurir s'il se peut l'estat de la bataille:
Quoy qu'assez loin du camp, quelque endroit de ces lieux
En pourra descouurir quelque chose à nos yeux.
Là d'vn superbe espoir l'Ame pleine & charmée,
L'œil tournée vers le Ciel, quelquefois vers l'Armée,
Ie pousseray vers l'vn des soûpirs genereux,
Et l'autre m'aprendra le succez de mes vœux.

Fin du deuxiéme Acte.

ACTE TROISIESME.

SCENE PREMIERE.

CASSIE, PHILIPE.

CASSIE.

DEsirs impetueux d'vne ardeur violente,
Transports precipitez, douleur impatiente,
Ne vous oposez plus à mon dernier deuoir:
Ie m'abandonne apres à tout mon desespoir: Iulie
Pour le moins vn moment souffrez que je respire. entre.

à IVLIE.

Que fait Porcie. O! Dieux, que luy pourray-je dire!

SCENE DEVXIESME.

IVLIE, CASSIE, PHILIPE.

IVLIE.

Helas ! sans m'informer, quels sont les desplaisirs,
Qui d'vn si grand courage arrachent ces soûpirs ;
I'en préuoy le sujet.

CASSIE.

Oüy, Brute est mort, Iulie.

IVLIE.

Dieux !

CASSIE.

dans vn profond deüil mon Ame enseuelie,

Et ces traits languiſſans, que peignent mes douleurs,
Te deſcouurent aſſez ſa perte, & nos malheurs.
Il eſt vray, ie ſens bien que ma gloire indignée,
A croire vn meilleur ſort rend mon Ame obſtinée;
Et ce cœur reſiſtant au deſtin qui l'abat,
S'il cede à la douleur, ce n'eſt pas ſans combat.
Me ſuis-ie point trompé, Philipe, & la pouſsiere,
Qui couurant tout le camp, nous cachoit la lumiere,
M'a-t'elle point ſurpris d'vne fauſſe terreur?
As-tu veu Brute mort? n'eſt-ce point vne erreur?

PHILIPE.

Non, Seigneur, je l'ay veu tomber en ma preſence
Par ſa propre valeur, & par ſa reſiſtance;
Quand preſsé de cent mains ſans en eſtre eſbranlé,
Souz la fuite des ſiens il ſe vit accablé.
Ne vous ſouuient-il plus auec quelle furie
Venoit fondre ſur vous cette Caualerie,
Dont le bruit a troublé toutes vos legions?
Le deſordre des Chefs, la mort des eſpions,
Vous peuuent-ils donner que des ſujets de crainte?

CASSIE.

Philipe tes diſcours juſtifient ma plainte.

Ie te voy donc, Amy, sans honneurs, sans Tombeau,
La proye où le rebut d'vn infame Corbeau,
Le plus grand des Romains, & tout l'espoir de Rome,
A peine retenir la figure d'vn homme.
Dieux, faites-vous semblable, & d'vne mesme main,
Le destin du grand Brute, & d'vn simple Romain.
Et tranchez-vous si-tost auec tant de licence,
Du monde desolé la derniere esperance.
Mais quand mesme il viuroit, (si j'oze conçeuoir
Parmy tant de malheurs, quelque leger espoir)
Le mal seroit plus grand, & sa mort moins funeste;
Mon desespoir s'accroist par l'espoir qui me reste:
Dans quelque grand éclat qu'il ait tousiours vescu;
Le seul sang peut leuer la honte d'vn vaincu.
Vous, qui n'estes jamais lassez de nous poursuiure,
Dieux, le condamnez-vous à la honte de viure:
Mais aussi si nos jours releuent de son sort,
Nous pouuez-vous l'oster par vn si prompt effort?
Il est mort cependant, & sans que vostre rage
Par de nouueaux malheurs s'explique dauantage,
Sans autre ordre, & sans vous, son destin aujourd'huy
Precipite le mien, & m'entraisne vers luy.
Sacrez manes de Brute, ombre pasle, & sanglante,
Parmy d'indignes morts confusément errante.
Viens, amy contempler auec quelle vigueur.
Ma constante amitié regne encor dans mon cœur:

Auec quelles ardeurs, il brûle de te ſuiure;
A combien de treſpas ta diſgrace le liure;
Et ſouffre qu'au milieu de ſes juſtes douleurs,
Il te donne aujourd'huy du ſang au lieu de pleurs.
Sus, fidelle affranchy, rens-moy ce bon office,
Offre à ce grand Heros vn ſi beau ſacrifice;
La victime, & le Dieu ſont dignes de ta main.
Reſponds à ce beau choix auec vn cœur Romain.
Frape, contente Brute, & qu'vn coup fauorable
Rende en quelque façon noſtre deſtin ſemblable:
Si Brute a ſuccombé par la fuite des ſiens,
Fais que je tombe icy ſouz les efforts des miens:
Si Brute dans ſa mort treuue cét auantage,
Qu'abâtu ſouz les ſiens il fait voir ſon courage,
Fais que pour l'imiter je ſuccombe aujourd'huy
Par mon propre courage, & par la main d'autruy.

PHILIPE.

Quoy? Seigneur.

CASSIE.

Ne crains point, contente mon enuie;
Tranche, tranche le fil d'vne fâcheuſe vie:

Obeis ſans replique, & ſans examiner
Ce que le Ciel apreuue, & ne peut condamner.
Ne crains-point du reproche, où mon deſſein t'engage:
Tu me preſtes la main, & non pas le courage.
Plus à mon deſeſpoir ton ſecours paroiſt lent,
Plus ie ſens qu'il s'accroiſt, & ſe rend violent.
Qu'attens-tu? qu'vn Tyran me faſſe ſon eſclaue,
Et que mon infamie enfle l'orgueil d'Octaue.
Fais que ie meure libre, & qu'vn coup attendu
Me conſerue aujourd'huy ce que ie t'ay rendu.
Ne manque pas de foy, ſi tu manques de Zele,
Et ne ſois pas ingrat, ſi tu n'es pas fidele.

IVLIE.

I'excuſois vos douleurs dans leurs premiers efforts;
Mais ie n'excuſe plus ces violens tranſports:
Eſt-ce bien ménager vne teſte ſi chere?
Verſez-vous pour vn mort vn ſang ſi neceſſaire?
Rome perdra ſon Brute, & l'on verra pour luy
Tomber ſon dernier ſang, & ſon decnier apuy!
Et par voſtre douleur ſa gloire negligée
Rougir de tant d'affronts ſans en eſtre vangée.
Que voſtre mort, Seigneur, s'accorde à ce deuoir:
Mourez en vous vangeant, non par le deſeſpoir.

CASSIE.

Donc, vous blâmez tous deux vn coup si magnanime:
Mon trespas vous fait peur, & passe pour vn crime.
Vous voulez que ie viue alors que Brute est mort?
Et rompe l'amitié qui confond nostre sort.
Puis-je sans lâcheté suruiure vn si grand homme,
Sur l'espoir incertain de vanger nostre Rome?
J'espereray de vaincre, où Brute est succombé!
De demeurer debout quand le Monde est tombé!
C'est auoir pour la vie vne Amour sans seconde,
Que de n'oser perir auecque tout le Monde.
Quiconque en cét estat se perd auec honneur,
Doit rendre les vainqueurs jaloux de son bon-heur,
Et l'on ne peut tomber d'vne plus belle chûte,
Qu'alors qu'on voit tomber l'Vniuers, Rome, & Brute.
Mais Porcie est icy: que ie crains son abord,
Et qu'vn fâcheux respect va retarder ma mort.

à PHILIPE.

Toy, va voir cependant, si l'Ennemy s'auance. Philipe sort.

SCENE TROISIESME.

CASSIE, PORCIE, IVLIE.

CASSIE à PORCIE.

Madame, il n'est plus temps qu'vn trop lâche silence
Vous cache le sujet de mes justes douleurs;
Il est vray que ie crains qu'apres tant de malheurs,
Vn coup si rigoureux vous treuue trop sensible.
Esprouuez-vous, Madame, autant qu'il est possible,
Et monstrez au plus fort de vos aduersitez
Que vous n'oubliez point le sang dont vous sortez.
Brute n'est plus, Madame, & mon Ame soûpire
D'auoir de vie assez pour vous le pouuoir dire.
Ie ne condamne point vos justes déplaisirs,
Ie respecte vos pleurs, j'aprouue vos soûpirs;
Et s'il faut qu'aujourd'huy la voix d'vn miserable
Vous fasse reuenir du deüil qui vous accable.

C'est pour ne laisser point ce grand cœur abâtu,
Alors qu'il doit agir par sa seule vertu.
Si vaincre la douleur au point de sa naissance,
Est le supréme effort d'vne masle constance;
Si quiconque entreprend vn coup si genereux,
Tente contre soy-mesme vn combat dangereux:
Songez, songez qu'Octaue est beaucoup plus à craindre;
Qu'il oste à vostre Amour le loisir de se plaindre.
Releuez- donc ce cœur, consultez auec luy
Du glorieux dessein qu'il doit prendre aujourd'huy:
N'agissez que par luy dans ce malheur extréme;
Que sa haute vertu se regle sur soy-méme.
Quelque coup dont le sort oze vous assaillir,
Le sang du grand Caton ne peut jamais faillir.
Ie vous laisse à vous-méme; adieu, Brute m'apelle,
Et Rome veut qu'enfin par vn coup digne d'elle,
I'aprene aux vrais Romains à faire leur deuoir. Cassie sort.

SCENE QVATRIESME.

PORCIE, IVLIE.

PORCIE.

Dieux que viens-je d'entendre! et que viens-je de voir!
N'est-ce point vn fantôme, ou n'est-ce point vn songe,
Qui d'vne peur panique a produit ce mensonge!
Doncques Brute n'est plus, croiray-je vn tel malheur?
Puis-je l'auoir apris sans mourir de douleur?
Mais helas! sur ce point suis-je pas esclaircie?
Vous m'en dites assez, desespoir de Cassie,
Songes sanglans & noirs, augures menaçans,
Des Sacrificateurs visages palissans,
Astres couuerts d'horreur, effroyables cometes,
De la fureur des Dieux, horribles interpretes.

Vous m'en dites assez, saisissemens, horreurs,
Desordre de mon Ame, inuincibles frayeurs;
Et sans en consulter ma constance affoiblie,
Ton œil m'en dit assez, triste, & chere Julie.
Doncques Brute n'est plus, & cét aimable épous,
Si cher à tout le Monde, est mort aux yeux de tous:
Ma gloire, & mon espoir, vous n'estes plus qu'vne ombre,
Heros brillant d'honneur, maintenant pâle & sombre,
Incomparables traits de grace, & de valeur,
Jadis toute ma joye, aujourd'huy ma douleur.
Dernier fleau des Tyrans, & plus craint que la foudre,
Vous n'estes maintenant qu'vn tronc couuert de poudre.
Brute vous n'estes plus, & ce cœur amoureux
Peut porter sans mourir, vn coup si rigoureux.
Ne puis-je que pleurer vne mort sans seconde,
Qui va tirer des pleurs des yeux de tout le Monde!
Et quand Brute mourant est regretté de tous,
Ne puis-ie pas mourir par la mort d'vn espoux?
Dieux, qui flatiez mon cœur par vne fausse joye,
Pour accroistre le mal que le destin m'enuoye,
Qui faites à mon sort vn si prompt changement,
Pour le rendre plus dur à mon ressentiment;
Dieux qui nous seruez mal, Dieux qui m'auez trompée,
Dieux injustes à Brute aussi bien qu'à Pompée,
Vous, qui tout mort qu'il est, m'empeschez de le voir,

Ne puis-ie ſuccomber que par le deſeſpoir?
Quel plaiſir prenez-vous à prolonger ma vie?
Faut-il que par moy-méme elle me ſoit rauie?
Et que l'on me reproche apres vn tel malheur,
Que ie meurs par ma main, & non par la douleur?
Mais Brute il te ſufit que ie ceſſe de viure:
Qu'importe, quel chemin ie prendray pour te ſuiure.
Si ie meurs aujourd'huy par vn illuſtre effort,
La fille de Caton peut choiſir cette mort.

IVLIE.

Madame, ſurmontez ces premieres allarmes.

PORCIE.

Ah! ne t'opoſe point au torrent de mes larmes:
Si tu m'aimes encor, viens mourir auec moy.

IVLIE.

Ie n'y recule point, mais qu'eſt-ce que ie voy?
C'eſt Maxime, & ſon front marque beaucoup de ioye.

SCENE CINQVIESME.

PORCIE, MAXIME, IVLIE.

PORCIE.

MAxime se peut-il qu'encor ie te reuoye?
Hé! bien tout est perdu.

MAXIME.

Dieux, que me dites-vous!
Madame, quand le Ciel se déclare pour nous,
De grace, cachez-luy cette ingrate tristesse.

PORCIE.

Mais plustost cache moy cette fausse allegresse;
En vain quand ie connoy l'excez de mon mal-heur,
Tu veux trahir ma gloire, & tromper ma douleur.

MAXIME.

Madame, donnez-vous le loisir de m'entendre,

PORCIE.

Hé! ie ne sçay que trop, ce que tu veux m'aprendre;
Tu me diras enfin apres vn long discours,
Que Brute estant défait a sçeu trancher ses iours;
Qu'il a sçeu mourir libre, & tout couuert de gloire.

MAXIME.

Quel charme injurieux vous cache sa victoire?
Ces indignes frayeurs me rendent tout confus:
Ouurez les yeux, Madame, & ne vous trompez plus.
I'ay veu tout le combat, aprenés-en l'issuë.
Il est vray que quelqu'vn vous peut auoir deceuë:

La victoire douteuse a long-temps balancé ;
J'ay veu plus d'vne fois nostre espoir renuersé.
Et voila le sujet de ces fausses allarmes.
Mais, Madame, aprenés le succés de nos Armes.
Estant auprés de Brute, assés prés des hazards,
I'y voy voler par tout vne gresle de dards.
I'auance sans songer au peril de ma vie,
Mais vn Zele plus fort m'en fit perdre l'enuie :
Je m'escarte, & soudain nos Soldats à la fois,
Tous comme par dépit jetent arcs, traits, carquois :
Chacun tire l'espée, & leurs brillantes lames,
Dans l'air noircy de poudre allument mille flâmes.
Tous la foudre à la main, & d'vn commun accord
Fondent sur l'autre Armée auecque tant d'effort,
Que par ce rude choc se voyant esbranlée,
Elle épaissit ses rangs, éuite la melée,
Et menageant sa force auecque sa valeur,
Laisse exhaler sans fruit leur premiere chaleur.
Brute aime le peril, & veut tout entreprendre.
Antoine moins ardent s'obstine à se deffendre.
Enfin voyant ses gens, & plus frais, & plus forts,
Et nos Soldats lassés par leur propres efforts,
Il fait quiter aux siens le soin de leur deffence,
Et lâche enfin la bride à leur impatience.
Ils se mélent alors, mais se recognoissans,

Le sang ou l'amitié les rend tous languissans.
Tous poussez par leurs Chefs, plus que par leur courage,
Les yeux fermez d'horreur s'excitent au carnage.
L'vn estouffe vn germain, qu'il brûle d'embrasser ;
L'autre immole vn amy qu'il voudroit caresser.
I'en voy parmy ceux-là qui deuenus timides
Par l'effroyable aspect de tant de parricides,
A des crimes si noirs n'ozent s'abandonner,
Et reçoiuent la mort de peur de la donner.
L'vn combat seulement d'vne main languißante,
Qui par des coups legers se conserue innocente.
Plusieurs vangent sur eux celuy qu'ils ont bleßé ;
D'autres mélent des pleurs au sang qu'ils ont versé;
L'vn met les armes bas, l'autre rompt son espée ;
L'vn, qui portant vn coup voit sa valeur trompée,
Est rauy de faillir le coup qu'il entreprend ;
Vn autre terraßé par la main d'vn parent,
Pour le laisser ioüyr d'vn si triste auantage,
Luy cache son forfait en couurant son visage.
Mais enfin quelque Amour qu'ils sentent pour le sang,
La fureur les surmonte, & n'espargne aucun flanc.
Là de crainte, & d'horreur, j'auois l'Ame trancie,
Quand Philipe venant du combat de Caßie
M'aborde auec le front d'vn homme satisfait,
Et me dit en courant qu'Octaue estoit défait ;

Il ſeme dans le camp cette grande victoire ;
Brute l'aprend ſoudain, & prend part à la gloire :
Il monſtre plus d'ardeur, mais preſque en méme inſtant
Le ſort capricieux, & touſiours inconſtant,
Altere cette joye en abandonnant Brute,
Ses gens lâchent le pied, il reſte ſeul en bute ;
Son cheual par leur fuite eſt ſoudain renuersé :
Il tombe...

PORCIE.

Iuſtes Dieux!

MAXIME.

Mais ſans s'eſtre bleſſé.
Philipe voit ſa chûte, & ſans en voir la ſuite,
Vers le camp de Caßie il ſe ſauue à la fuite.
Moy pour ſecourir Brute eſtant vn peu trop loin,
J'en voy, qui plus preſens m'eſpargnerent ce ſoin.
Jl remonte à cheual, & ſoudain ſon courage,
Semble par le dépit ſe conuertir en rage :
Il court de tous coſtez, plus viſte que le vent ;
S'opoſe aux fugitifs, leur gagne le deuant,
Fait auancer contr' eux toute l'arriere-garde ;

Arreste enfin leur fuite, ou du moins la retarde;
Et ramassant ainsi la plus-part des Soldats,
Ranime son espoir, & reuient sur ses pas:
L'ennemy cede enfin, se trouble, s'espouuante,
Et nostre grand Heros, pour remplir son attente
Pensant n'auoir rien fait, s'il ne va jusqu'au bout,
Ainsi qu'vn fier torrent, trouble, & rauage tout.

PORCIE.

Ce succez me rauit, & j'ay peine à le croire,
Cassie espouuanté reuient dans ma memoire.

MAXIME.

Cassie espouuanté!

PORCIE.

C'est luy, qui fait ma peur;
Oüy, c'est luy qui touché d'vn fausse terreur,
Est venu dans ces lieux portant sur son visage
D'vn sanglant desespoir l'espouuantable image,
Et qui m'ayant conté la mort de mon épous,
Pour suiure son destin s'est esloigné de nous.

Le desordre où m'a mis vne pareille enuie,
M'a fait perdre le soin de conseruer sa vie,
Et nous sommes priuez d'vn si puissant secours,
Si le Ciel à luy-méme a confié ses jours.

MAXIME.

Philipe, c'est l'effet de ta soudaine fuite:
De ton Zele imprudent, voila l'indigne suite.
O! Ciel si tes frayeurs causent ce desespoir,
Quel Dieu peut empescher, ce que j'oze préuoir?

PORCIE.

Maxime, va sçauoir s'il a cessé de viure:
A quelque desespoir, ou sa douleur le liure;
Vn auis fauorable, ou quelque meilleur sort,
Auront pû par haZard l'arracher à la mort. Maxime sort.
Destins, qui par enuie, autant que par coustume,
MesleZ dans tous nos biens quelque peu d'amertume,
Afligez nostre esprit par quelque autre malheur;
Sauuez, sauuez Cassie, epargnez sa valeur.
Nous vendez-vous si cher la victoire de Brute?
Nous affranchissez-vous par vn telle chûte?

S'il faut vn si beau sang à vostre grand courroux,
Prenez le mien, grands Dieux, il est digne de vous:
Si c'est le chastiment de nos guerres ciuiles,
De tant de nobles flancs, frapez les moins vtiles:
Ie mourray glorieuse, et beniray mon sort,
Si vous me choisissez pour vne telle mort.

Fin du troisiéme Acte.

ACTE

ACTE QVATRIESME.

SCENE PREMIERE.

PHILIPE, PORCIE.

PHILIPE.

Non, ie n'excuse point cette honteuse fuite,
Et ie dois à jamais en deplorer la suite:
Si ie fus imprudent, au moins i'auray le cœur
De lauer cette honte, & punir mon erreur.
J'aurois suiuy mon Maistre, & i'en bruslois d'enuie:
Mais son commandement ialoux de vostre vie,

A suspendu le coup d'vn iuste desespoir.

PORCIE.

Comment, aprens-moy tout.

PHILIPE.

Vous allez tout sçauoir.
Voyant Brute abatu ie courus vers mon Maistre,
Mon zele impetueux voulut soudain paroistre:
Mais tous mes sens saisis de douleur & d'effroy
Aueuglerent mon Zele, & trahirent ma foy;
Car ie fais Brute mort; & ma crainte infidelle
Seme dans tout le camp cette fausse nouuelle:
Le bruit de cette mort estourdit le soldat,
Et quoy qu'enorgueilly du succez de combat,
Il perd à mesme temps l'espoir de sa victoire,
Et cede à la douleur tout le soin de sa gloire.

PORCIE.

Que deuint donc Cassie apres ce grand mal-heur?

PHILIPE.

Il vint vous l'annoncer, vous vistes sa douleur.
Enfin cherchant par tout quelque main fauorable,
Qui borna par sa mort vn dueil inconsolable,
Il trouue des soldats, qui troublez par la peur,
Et regardant d'vn œil tout brillant de fureur
Timides, incertains, ont peine à le connoistre;
Ils s'asseurent enfin par la voix de mon Maistre,
Et l'ayant reconnu, le plaisir de le voir
Mesle vne courte ioye auec leur desespoir.
Cassie au milieu d'eux, d'vn ton constant & graue.
Compagnons (leur dit-il) puisque le sort me braue;
M'abandonnerez-vous aux desirs du vainqueur?
Et pour m'en deliurer manquerez-vous de cœur?
Immolez à ma gloire vne honteuse vie,
Qu'vn de vous remplissant ma genereuse enuii
Fasse foy par ma mort, qu'il brusle d'acquerir
Auec ma propre main la gloire de mourir.
Là voyant qu'vn chacun à ce coup se prepare,
Il offre tout Cassie à leur pitié barbare,
Se met en bute à tous, & chacun de son flanc
Ouure par quelque endroit vne source de sang.
Ils condamnent alors le zele, qu'il auouë;

Luy regarde leurs coups, les admire, les louë,
Et de peur d'estre ingrat pour vn dernier effort
Sur son premier meurtrier porte le coup de mort,
Et luy rendant ainsi son bienfait & son crime,
Il succombe, & tombant embrasse sa victime.
Les autres, qui restoient, ialoux d'vn si beau sort
Par des coups mutuels, s'entredonnent la mort,
Et toute leur pitié dans cette conjoncture,
Est de pouuoir tuer d'vne seule blesseure.
Maxime cependant s'auance, & vient vers nous
Voit mon Maistre mourant, considere ses coups,
Et luy découure enfin la victoire de Brute,
Et la fatale erreur, qu'auoit causé sa cheute.
Là mon Maistre surpris, & se voyant trompé
Regarde auec dépit ceux, qui l'auoient frapé:
Mais malgré sa douleur composant son visage
Il r'apelle aussi-tost sa gloire, & son courage.
Maxime (luy dit-il) si les Dieux ont permis,
Que ie meure trompé par mes propres amys.
Mon mal-heur sert à Brute, & pour remplir sa gloire
Les Dieux n'ont pas voulu partager sa victoire.
Dis-luy, que si ma mort sert à ce grand bon-heur,
I'expire auec plaisir, & tombe auec honneur:
Glorieux de pouuoir l'esleuer par ma cheute,
Et rauy de mourir dans le siecle de Brute.

Que si i'ay du regret, c'est d'auoir trop vécu,
S'il falloit en mourant voir l'ennemy vaincu.
Puis se tournant vers moy: va détromper Porcie;
Va reparer l'erreur qui me couste la vie:
Dis-luy que Brute vit, & que mon amitié
Tasche au moins en mourant de sauuer sa moitié.
A-dieu, vit satisfait, puisque ie meurs de mesme.
Et ne t'afflige point d'vne faute, que i'ayme.
Là par vn grand souspir il pousse vers son flanc
Le reste de sa vie auec son dernier sang.
Il meurt, & si i'ay deu malgré moy le suruiure,
Il vous quitte, Madame, & ie parts pour le suiure.

SCENE DEVXIESME.

PORCIE.

Vous, qui par tant de maux, par tant de sang perdu
Nous faites disputer vn bien qui nous est deu,
Grands-Dieux, la liberté que Rome vous demande,
Est-elle à vostre auis vne faueur si grande?
Ou nous regardez-vous auec tant de mépris,
Que pour la rachepter il faille vn si grand prix?
Ne nous deuez-vous pas vne entiere victoire?
N'est-ce pas vostre cause, ainsi que nostre gloire?
Maistres de l'Vniuers souffrirez des Roys?
Soustiendrez-vous le trosne au dépens de vos Loix?
Declarez-vous enfin, quel dessein est le vostre?
Quand vous sauuez vn Chef vous faites perir l'autre.
Arbitre souuerain de tous nos differens
Destin si tu nous sers, si tu hais nos tyrans.

Monstre, monstre enuers Rome vne faueur si pleine,
Qu'on puisse distinguer ton amour de ta haine:
Partageant tes faueurs on doute si tu sers,
Rome ou ses ennemis, Octaue ou l'Vniuers.
Mais que dis-je grands-Dieux? pardõnez à mon zele,
Si ie semble enuers vous ingrate & criminelle.
L'interest des Romains me fait plaindre de vous.
Je sçay ce que vos soins ont fait pour mon epous;
Ie sçay qu'en sa faueur vous forcez mille obstacles;
Ie reconnois en luy l'effet de vos miracles,
Et ie reuoy enfin cét extréme danger,
Dont vostre seule main le pouuoit dégager.
Vostre indignation nous est si peu sensible
Par la comparaison d'vn bon-heur si visible,
Que ie dois esperer de vos rares bontez
Le comble souuerain de nos felicitez.

SCENE TROISIESME.

IVLIE, PORCIE.

IVLIE.

MAadame, Brute arriue, on vient de me l'aprẽdre?
Il est proche d'icy.

PORCIE.

Dieux! que viens-je d'entendre!
Ciel! qui dans vn moment m'accables des faueurs,
Que nos maux sont petits au prix de nos bon-heurs!
Mais quel fascheux objet reuient dans ma memoire
Trauerser mon repos, & déchirer ma gloire?
Julie helas!

IVLIE.

IVLIE.

Madame.

PORCIE.

O! Dieux, ce prompt retour
Me deffend tant de joye, & trouble mon Amour.

IVLIE.

Vostre Amour s'afligeant de ce bon-heur extréme.
Semble prendre plaisir à se tromper soy-méme.

PORCIE.

Cent pensers differens, comme vn amas des flots
Viennent soudainement accabler mon repos;
Ie connois la fortune, & ses vicißitudes
Semblent m'accoustumer à tant d'inquietudes.
I'espere la victoire, & ie crains le mal-heur;
Ie ressens de la joye, & cede à la douleur.

Si Brute triomphant doit estouffer mes plaintes,
La mort de son amy ressuscite mes craintes,
Et l'espoir qui soustient mes glorieux desirs
Est aussi-tost banny par des iustes soûpirs:
Mais malgré ces frayeurs éclate enfin ma ioye,
Iouïssons du bon-heur que le Ciel nous enuoye:
Allons, allons Iulie, au deuant du vainqueur.

IVLIE.

Je l'aperçoy, Madame.

PORCIE.

O! transports, ah Seigneur!

SCENE QVATRIESME.

BRVTE, PORCIE, IVLIE.

Troupe de Soldats.

BRVTE.

Madame, où courrez-vous, fuyez vn miserable.
Fuyez, fuyez ma honte, & le sort qui m'acable.
C'en est fait, & ie voy tout à coup renuersé
Vn destin que les Dieux ont long-temps balancé.
Le mal-heur de Caßie a produit nos disgraces,
Et le Ciel par sa mort a remply ses menaces,
Enfin Cesar triomphe.

PORCIE.

O sort trop rigoureux.

BRVTE.

Helas vostre douleur me rend plus mal-heureux:
Par l'excez de l'ennuy qui vous rend abatuë,
Cesar se peut vanter de vous auoir vaincuë:
Vous vous faites sentir auec trop de rigueur:
Grands-Dieux, si ma disgrace abat vn si grand cœur.
Qu'icy vostre vertu s'excite toute entiere;
Voicy pour vostre gloire vn illustre matiere:
Vn epoux mal-heureux, que la fortune abat,
Fait de vostre vertu le plus brillant éclat
Si sauuant vostre nom de sa derniere honte,
Vous sçauez triompher du coup, qui le surmonte.
Soustenez vn mal-heur dont ma gloire fremit,
Et méprisez vn coup, soubs qui Rome gemit.
Du moins dans le regret d'vne perte commune,
Monstrez si vous pleurez ou Brute, ou sa fortune;
Sa fortune a pery, c'est ce que vous pleurez,
Et vous aimez vn bien, pour qui vous soupirez.
Tout Brute reste encor dans ce mal-heur extréme;
Brute ne peut iamais perir que par luy-méme;
Il ne sera iamais sous le pouuoir d'autruy,
Et tout vaincu qu'il est, Brute dépend de luy.

PORCIE.

Ie ne feins point, Seigneur, de répandre des larmes,
Puisque mon seul mal-heur fait celuy de vos armes.
Tousiours quelque disgrace a suiuy ma maison
Ie n'y voy point de mort sans fer, ou sans poison.
L'Estoile, qui luisoit au point de ma naissance
Mesla dans vostre sort sa fatale influence:
C'est par moy que sa rage a passé iusques à vous,
Et par vous ie la voy passer iusqu'à tous.
C'est par moy que le Ciel eut droit sur vostre vie,
Et par là sa fureur deuoit estre assouuie.
Dieux! faut-il qu'vn Hymen ait seruy d'instrument
Au desordre fatal d'vn si grand changement?
Vous deuiez par ma mort rompre ce mariage,
Et ne m'offrir iamais vn si triste auantage.
C'est là, c'est là, Seigneur, le sujet de mes pleurs:
Je demeure insensible à mes propres mal-heurs,
Et dans l'excez des maux où ma vertu se treuue,
Donnez-luy, s'il se peut, vne plus forte épreuue;
Vous la verrez tousiours aller d'vn mesme pas,
Regarder d'vn mesme œil, la vie & le trespas,
Et brauant des vainqueurs, la fortune & la gloire,
Par l'eclat de ma mort effacer leur victoire.

BRVTE.

Helas! vostre vertu dans ce pressant mal-heur
Ne m'afflige pas moins qu'à fait vostre douleur.
Je voy dans l'vn & l'autre vne pareille enuie;
Toutes deux à leur tour menacent vostre vie.
Il est vray qu'en l'estat où le sort nous a mis
La mort est à nos maux vn remede permis.
Madame il faut mourir; c'est vne gloire extréme
De pouuoir en mourant disposer de soy-mesme:
De n'auoir point de Maistre au siecle de Cesar,
Et rauir nostre gloire aux pompes de son Char.
Le seul mourir est libre en l'estat où nous sommes,
Donnons ce grand exemple au veu de tous les hommes.
Monstrons à nostre Rome en cette extremité,
Que tous deux par vn coup de generosité
Sçauons mettre à couuert d'vn tyran inflexible,
Tout ce qui luy restoit de grand & d'inuincible.
Que s'il faut esperer la grace du vainqueur,
Craignons plus que la mort cette indigne faueur.
Nous ne fusmes iamais vn sujet de clemence;
Le mal-heur qui nous perd nous laisse l'innocence,
Et c'est pour vn Romain vn trop funeste don,
S'il doit de son tyran receuoir vn pardon.

Sus donc, chere Porcie, excitez vostre gloire;
De cent braues ayeulx r'apellez la memoire,
Et retraçant sur vous tant de traits de valeur,
Peignez dans vostre mort la gloire de la leur.

PORCIE.

Seigneur, tant de raisons apuyent ma constance,
Qu'elle aura moins de gloire, ayant trop d'asseurance.
Il suffit de sçauoir que ie meurs auec vous:
C'est par là que mon sort fera mille ialoux.
Il est vray que s'il faut qu'auec vous ie perisse,
Ma mort m'est vne gloire, & non pas vn suplice.
Seule ie dois mourir, ayant seule causé
Les maux où maintenant ie vous voys exposé.
I'eus soif du sang de Iule, et pour me satisfaire,
Vous sceustes l'immoler aux Manes de mon pere;
Vous portastes le coup, quand i'eus donné l'arrest.
Et si Rome à mes yeux mesla son interest
L'ingrate vous trahit en soustenant Octaue,
Et vous desauoüa deuenant son esclaue.
Si doncques ma vengeance a fait tous vos trauaux
Vangez-vous par ma mort du plus grand de vos maux:
Que ie sois par vn coup, & noble & legitime,
Des Destins irritez la derniere victime.

BRVTE.

C'est trop, c'est trop, Madame, en l'estat où ie suis;
Me pressez-vous de viure au milieu des ennuis.
Brute viura sans gloire, & tout couuert de honte?
Et de la liberté fera si peu de conte?
C'est sur moy, c'est sur moy que doit tomber le sort;
Puisque ie suis vaincu ie merite la mort.
Si le sang de Caton me fit prendre les armes;
Je le fis par deuoir autant que par vos larmes;
Et Rome à mesme temps m'y deuoit engager,
Quand ie n'aurois pas eu de beaupere à vanger.
Si ma main a vangé la mort d'vn si grand homme,
Ie n'ay pas acheué la vengeance de Rome;
Viuez donc, cependant que ie cours au trespas,
Vostre pere est vangé, mais Rome ne l'est pas.
I'ay par tous mes efforts soustenu sa querelle;
Maintenant c'est ma mort, qui m'acquite enuers elle.
J'abandonne vn destin qu'on ne peut secourir,
Ou plustost ie sers Rome en me faisant mourir,
Ne la pouuant sauuer dans ce commun naufrage,
Que du seul déplaisir de voir mon esclauage.
Pour vous, qui meritez vn destin plus heureux,
Portez, portez à Rome vn cœur si genereux:

Presentez

Presentés-luy le sang que je verse pour elle,
Reprochez-luy ma mort, & l'ardeur de mon Zele;
Faites enfin pour moy, ce qu'Antoine autrefois
Fit pour vanger Cesar, & soûtenir ses drois.
S'il arma les Romains contre leur propre gloire,
Armez-les maintenant pour leur propre victoire,
Aydez à renuerser auec vos propres mains
Le joug, dont trois Tyrans accablent les Romains.

PORCIE.

Moy! moy! que j'aille à Rome, à Rome l'infidelle,
Qui fait si peu pour vous, qui fites tant pour elle;
A Rome, qui se plaist à nous voir succomber;
Qui couronne la main, qui nous a fait tomber!
Moy! Seigneur, j'y verray ces illustres images,
Du Zele des Catons, les sacrez témoignages,
Par des chetiues mains tomber de ces hauts lieux,
Et des Tyrans placez où furent nos ayeux!
J'y verray triompher leur détestable haine!
I'y verray mettre aux fers la fortune Romaine!..
Ie m'y verray moy-mesme en estat de seruir!
I'iray m'offrir aux mains, qui veulent m'asseruir!
Car enfin pensez-vous qu'auec les seules larmes

Ie puisse retablir la gloire de nos armes?
Nos malheurs sont trop grãds, et pour borner leurs cours,
Vne femme, Seigneur, est vn foible secours.
Puisque Brute a pery, tout doit perir ensemble;
Ie ne puis éuiter le sort, qui nous assemble.
Hé! quel sort puis-je attendre, & plus noble & plus dous,
Que l'éclatant honneur de mourir auec vous.
Consentez à ma mort..

BRVTE.

Hé! bien mourons, Madame.
Enfin vostre deuoir triomphe de ma flamme:
Vostre gloire le veut, il y faut consentir:
Ma generosité ne se peut démentir.
Tendresse, amour, pitié, qui la vouliez surprendre,
Seruez mieux mon deuoir, il est temps de se rendre.
Ie ne me deffends plus contre tant de vertu.
Toy, qui vois son dessein y consentiras-tu.
Iuste Ciel? pourras-tu voir perir ton ouurage?
Le reste des Catons, la gloire de nostre âge?
Pourras-tu voir enfin entrer dans le tombeau,
Tout ce que nostre Rome a de grand & de beau?
Voir ces brillans appas se couurir des tenebres?

Voir changer ces clartez en des ombres funebres?
Voir tomber ce beau sang? & par vn prompt effort
Voir passer dans ce corps les horreurs de la mort?
Ah! Madame.

PORCIE.

Ah! Seigneur, espargnez ma foiblesse;
Consommons maintenant cette indigne tendresse.

BRVTE.

Vous voulez donc mourir, mais quel fer, quelle main
Osera trauerser cét adorable sein?
O! Dieux. Que veut Maxime, & qu'à-t'il à nous dire?

SCENE CINQVIESME.

MAXIME, BRVTE, PORCIE, IVLIE.

MAXIME.

APres tant de mal-heurs vous tombez dans vn pire;
J'ay par vostre ordre en vain ralié nos soldats,
Pour amuser Octaue, & retarder ses pas;
Et comblé les chemins de sang, & de carnage;
Octaue malgré nous s'est enfin fait passage,
Jl vous cherche par tout, ne demande que vous,
Et semble à ce seul but borner tout son courroux:
Enfin vous estes pris, Seigneur.

BRVTE.

Voicy Maxime.
Dequoy brauer Octaue, & sauuer nostre estime.

Mais auant que mourir preuenons ſon deſſein,
Et mourons, s'il ſe peut, les armes à la main.
Auant qu'on me rauiſſe vne ſi chere vie, Se tournant vers Porcie
Il faut que ma fureur pleinement aſſouuie,
Par des ſanglants exploits acheuant ce grand jour,
Honore noſtre mort, & vange mon amour.
Mourons, mais tous couuerts du ſang de ces perfides. Se tournãt vers ſes ſoldats
Vous reſtes genereux de nos troupes timides,
Venez ſur nos tyrans porter vos derniers coups.

PORCIE.

Q*uoy, pour vn vain effort m'abandonnerez-vous?*

BRVTE.

Doi-je pas tenter tout par vn effort ſupréme,
Pour ſeruir noſtre Rome, & ſauuer ce que i'ayme?
Nos efforts ſeront vains, mais noſtre deſeſpoir
Ne doit pas attenter deſſus noſtre deuoir.

SCENE SIXIESME.

PORCIE.

PRepare toy mon ame à la derniere foudre :
Nostre destin s'acheue, il est temps de resoudre.
Ménageons comme il faut ce precieux moment,
Et mourons sans desordre, & sans estonnement.
Oüy malgré vos efforts, Tyrans, malgré vos haines
Nous mourrons sans rougir, & libres & Romaines,
Et ie me puis vanter si proche de la mort,
Que ie puis pour le moins disposer de mon sort.
Allons, Iulie, allons : mais sur tout si tu m'aymes,
Monstre vn cœur inuincible en ces malheurs extremes,
Et quand ie vay souffrir vn glorieux trépas,
N'offre rien à mes yeux de lasche ny de bas.
Regarde auec plaisir la perte d'vne vie

Glorieuse à Cesar, & honteuse à Porcie.
Souuiens-toy du deuoir, qui m'oblge à perir,
Et qu'à qui n'ose viure, il est doux de mourir.

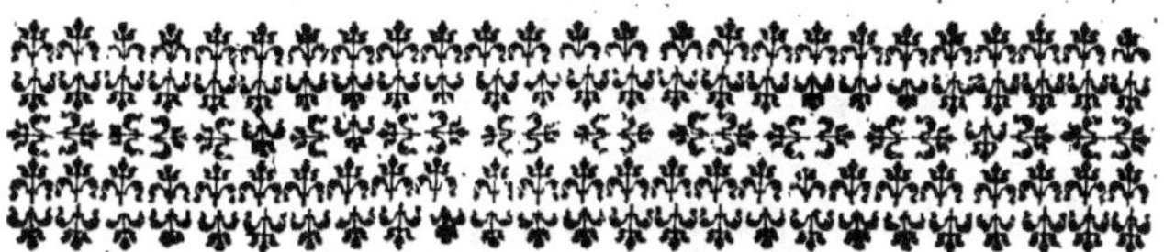

ACTE CINQVIESME.

SCENE PREMIERE.

OCTAVE, & sa suite.

OCTAVE.

HE' ! bien qu'est deuenu ce lasche parricide,
Que tant de trahisons ont rendu si timide?
Il se cache le traistre, & ce foible mutin
S'abandonne aux frayeurs de son lasche destin.
Luy qui ne se soustient, que sur l'espoir des crimes,
Qui ne forma iamais des desseins legitimes,
N'attaque les Cesars qu'au milieu du Senat,
Et ne se sert contr'eux, que de l'assassinat.

Mais

Mais peut-il maintenant rencontrer quelque azile?

VALERE.

Seigneur, il est perdu, sa fuite est inutile.
Apres l'auoir reduit dans cét apartement,
Pour remplir aussi-tost vostre commandement;
Me voyant soustenu d'vne troupe assez forte,
J'ataque, & fait ceder les Gardes de la porte.
On entre dans la chambre, et Brute à même temps
Soustenu par les siens, abat deux de nos gens.
Sauuez-le (dis-je alors) & taschez de le prendre,
A ces mots, on le presse, on l'inuite à se rendre.
Luy, qui craint d'estre pris, se dégage, on le suit,
Il reuient sur nos gens, & tantost il s'enfuit.
Cependant qu'on le cherche, on rencontre sa femme:
Ce desordre auoit mis le trouble dans son ame;
Et dans son desespoir, croyant que Brute est mort,
Elle fait pour le suiure vn genereux effort.
Ie preuiens son dessein, mais ie voy qu'on l'emmeine.

OCTAVE.

Va t'en remplir mon ordre, & me tirer de peine;
Qu'on le cherche par tout.

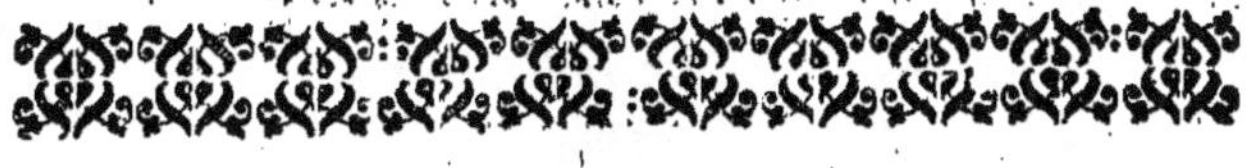

SCENE DEVXIESME.

PORCIE.

Ah! laissez-moy mourir
Bourreaux, qui me perdez, loin de me secourir.
Cruels, mon Brute, est mort, & ie le dois suruiure!
Vos malignes pitiez m'empeschent de le suiure.

OCTAVE.

Quoy, Madame, osez-vous soubmettre ce grand cœur
Aux desordres honteux d'vne extréme douleur.
La fille de Caton a si peu de constance?

PORCIE.

Tu n'esleues, cruel, l'éclat de ma naissance;

Tu ne me viens flater de cette vanité,
Que pour croistre ma honte, & ton indignité.
Si ton ame consent à cette haute estime,
Dont tu viens d'honorer cette vertu sublime,
Ne déments pas l'honneur, que tu fais à mon sang,
Et par tes traitemens fais iustice à mon rang.
Recognois-tu Caton où ie suis enchaisnée?
Oste moi de ces fers, où sa gloire est bornée.
Heros, dont la vertu frape mon souuenir,
Tu deuois penetrer iusques dans l'auenir,
Et mélant les destins du pere, & de la fille,
Sauuer par vn seul coup l'honneur de ta famille.
Pour quel crime, grands Dieux, & pour quelle raison,
Par moi la seruitude entre dans ma maison?
Toi, si Caton encor peut viure en ta memoire,
Si tu connois sa fille auec si peu de gloire,
Rends-nous tout nostre éclat par generosité;
Ou souffre que ie meure auec la liberté.
Mais ie prie vn mortel, & ce triste langage
M'introduit à la honte, et sent trop l'esclauage.
Que si dans cet estat ie puis faire des vœux;
Puis-je exiger d'Octaue vn effort genereux?
L'heritier de Cesar, & l'ennemy de Brute;
Lui qui me met aux fers, lui qui me persecute;
Lui qui tout dègoutant du sang de mes parens

Monte par mille horreurs au trône des Tirans.

Luy. ..

OCTAVE.

C'est trop, & c'est mal implorer ma clemence,
Enfin tant de mespris lassent ma patience:
Honorez ma fortune, & benissez les Dieux,
De vous donner pour Maistre vn vainqueur glorieux,
Qui n'abuza iamais des droits de sa victoire.

PORCIE.

Tu t'en sers toutefois, pour offencer ma gloire,
Et tu t'oses seruir d'vn injuste pouuoir,
Pour empescher ma mort, & forcer mon deuoir.
Mais par quel droit, Tiran, faut-il que i'en dépende?
La vertu ne sert point où le vice commande,
Et ces fers n'ostent rien à l'éclat des Romains;
Ils releuent nos cœurs, s'ils abaissent nos mains,
Et Rome ne sent point la honte du seruage.

OCTAVE.

Non, Madame, car Rome aime son esclauage:

Et ce pouuoir, que trois ont droit de partager,
Luy fait aimer son joug, & le rend plus leger.

PORCIE.

Qu'vn Tiran connoist mal les sentimens de Rome!
Celle, qui gemissoit soubs le pouuoir d'vn homme,
Souffriroit auiourd'huy vostre trionuirat?
Mais tu te vantes trop de ce nouuel éclat:
Tu te flates en vain de ce pouuoir inique:
Rome, Rome n'est plus soubz ce joug tirannique;
Brute sçachant mourir auec ses propres mains,
A fait cheoir auec luy le dernier des Romains.
Tombez-donc maintenant aigles infortunez;
Sortez, sortez des mains, qui vous ont enchainées,
Et vous d'vn faux honneur ornemens superflus,
Brisez-vous vains vaisseaux, & ne paroissez plus.
Toy, Ville mal-heureuse, autrefois sans seconde,
Dont le nom seulement fit trembler tout le monde;
Quite ce nom de Rome, & tous ces tiltres vains;
Tombe en voyant tomber le dernier des Romains.
Que tes débris portez par tout, où va le Tibre,
Monstrent que tu n'és plus en cessant d'estre libre,
Et qu'apres tant de maux Rome n'a subsisté
Qu'autant qu'vn vray Romain soustint sa liberté.

OCTAVE.

Malgré ces triſtes vœux, malgré ce vain preſage.
Rome, & tous les Romains verront voſtre eſclauage;
Et ie feray paraiſtre aux yeux de l'Vniuers
Ce front humilié ſoubs la honte des fers.
Cét orgueil inſolent, qui m'outrage & vous trompe
De mon char triomphant augmentera la pompe.
Tout Caton paroiſtra deſſoubz cette fierté;
Et ma gloire en croiſtra de le voir ſurmonté.

PORCIE.

Cruel, Rome, dis-tu, verra mon eſclauage!
Mon cœur peus-tu ſouffrir vn ſi ſenſible outrage?
Preuiens en expirant cet horrible mal-heur:
Meurs apres ce diſcours de honte, & de douleur.
Brute, Caton, Romains, vous qu'vn coup fauorable
Exempte des rigueurs d'vn ſort ſi déplorable,
Affranchiſſez ce cœur des foibleſſes du corps,
Briſez tous ces liens, rompez tous ſes accords,
Par qui l'injuſte Ciel retient icy mon ame.
Seruez-vous du poiſon, du fer, ou de la flamme.
Digne objet de mes pleurs, cher pere, cher époux,

Ostez à ce Tyran, ce qui reste de vous,
Prenez, prenez ce cœur, que ce corps tient esclaue;
Arrachez cette gloire aux triomphes d'Octaue,
Et ne permettez pas que l'horreur de mon sort
Efface indignement l'éclat de vostre mort:
Mais i'entens vostre voix, ie sens vostre presence.
Meurs, meurs, me dites-vous, auec plus de constance:
Soustiens malgré ces fers, la gloire des Romains;
Et pour nous imiter meurs par tes propres mains.
Voila, voila Tyran, ce qu'il faut que ie fasse.
Ie sçauray soustenir la gloire de ma race:
Et ie trouue chez-nous dequoy me secourir,
Mille exemples fameux m'ont apris de mourir.
Preuiens tous les moyens, & l'effort ordinaire,
Par qui le desespoir tasche à se satisfaire.
Je dois à l'Vniuers vn exemple nouueau.
Il est plus d'vn chemin qui conduit au tombeau:
Et sans plus differer dans ce mal-heur extréme
Ie ne me veux seruir que de mon mal-heur méme.
Dans l'élat où ie suis; ma haine & ma douleur
Par mille traits perçans vont déchirer ce cœur.
L'horreur de ton triomphe, & la crainte de viure,
La perte d'vn époux que ie brusle de suiure,
Ma gloire & mon amour, qui demandent ma mort,
Malgré tes vains efforts precipitent mon sort.

Cependant que ie meurs, vis dans l'ignomimie:
Vis esclaue du trosne, & de la tyrannie:
Vis ennemy de tous, sans honneur, sans éclat,
Accablé soubs le poids de ton triomuirat.
Que tous trois ennemy de leur propre fortune
Tombent sous les débris d'vne grandeur commune.
Que ce piquant remords, qui poursuit les Tyrans
T'oblige à détester le pouuoir que tu prens;
Qu'vn tas de factieux par leurs sourdes pratiques
Purge enfin l'Vniuers de ces pestes publiques:
Ou qu'vn peuple mutin iustement reuolté,
Par des sanglants efforts vange sa liberté.
Accepte & crains tousiours ce presage funeste.

OCTAVE.

Allez vomir ailleurs le poison qui vous reste,
Porcie sort. *Superbe; allez ailleurs plaindre vostre mal heur.*
Et mourrez, s'il se peut, de rage & de douleur.

SCENE

SCENE TROISIESME.

OCTAVE continuë.

MAis plustost qu'elle viue en faueur de ma gloire:
Joüyssons pleinement du fruit de ma victoire.
Qu'vn illustre pitié la sauue du trespas.
Toy, Pison, prend soin d'elle, & ne la quite pas.
Mais d'où vient ce grand bruit.

SCENE QVATRIESME.

TITE, MAXIME, OCTAVE.

TITE.

Seigneur, voicy Maxime,
Que nostre vigilance a surpris dans son crime,
Et qui s'ose vanter du tragique dessein
Qu'vn execrable zele auoit mis dans son sein.

MAXIME.

I'auoüeray hardiment vne action si belle;
Je ne trahiray point la gloire de mon zele.
Oüy, Porcie eut pery si l'on ne m'eut surpris,
Et d'vn si beau trespas le mien estoit le pris.
Resolu de tomber auecque ma fortune,

Et de me deliurer d'vne vie importune
J'ay creu que ie deuois auant que de perir
Meriter par ce coup la gloire de mourir.
Pouuois-je par vn coup, qui fut plus legitime
Signaler mon courage, esleuer mon estime?
Et conseruer l'honneur du Maistre que ie sers
Qu'en sauuant sa moitié de la honte des fers.
Ie sçay combien Porcie ayme la renommée:
Mon ame de ses vœux pleinement informée
Sans son commandement sollicitoit ma main
D'affranchir par sa mort l'honnenr du sang Romain.
I'ay voulu l'immoler, i'ay couru pour la ioindre;
Si le coup est failly, l'honneur n'en est pas moindre;
Et quoy que ma valeur ayt tenté vainement
D'oster à ton triomphe vn si grand ornement:
Mon cœur auecque ioye attend de ta iustice
D'vn crime genereux vn illustre suplice.
Il est vray que i'ay tort dans l'estat où ie suis,
De vouloir par ma mort terminer mes ennuys:
Cependant que Porcie esclaue & mal-heureuse
Cherche en vain pour sa gloire vne mort genereuse.
Souffrez-donc qu'elle meure, ou viue sans rougir.
Octaue, c'est ainsi qu'vn grand cœur doit agir.
Vne gloire éclatante, & qui n'est pas commune
Dépend de la vertu, non pas de la fortune.

Le sort donne souuent le tiltre de vainqueur ;
Mais celuy de Clement est l'effet d'vn grand cœur.
Est-il d'vn genereux ; & pourrois-tu sans blâme
Punir vn ennemy sur l'honneur de ta femme ?
Et forçant auiourd'huy ton inclination
Preferer à ta gloire vn peu d'ambition ?
Sauue, sauue ta gloire en celle de Porcie :
Triomphe de son cœur, & non pas de sa vie :
Et releuant vn sort tristement abatu
Oblige vne ennemie à loüer ta vertu.
Attendris cét orgueil à l'aspect de ses charmes,
Et laisse-toy toucher par de si belles larmes.
Mais i'offence ta gloire en cette occasion
D'apeller ce grand cœur à la compassion ;
Ne conçois pas pour nous des sentimens vulgaires,
Considere ta gloire, & non pas nos miseres ;
Et si tu te resous de finir nos mal-heurs,
Escoute ta vertu plustost que nos douleurs.

OCTAVE.

Maxime ie me rends, l'orgueil de ma victoire
M'a long-temps ébloüy par vne fausse gloire.
Ton discours r'apellant ma generosité
Me rend ce que la haine, & l'orgueil m'ont osté.

Tu me rends à moy-méme, & ie sens que ton zele
R'anime vne pitié qui m'est si naturelle,
Il faut que ma bonté regne enfin à son tour,
Et qu'vn trait de clemence illustre ce grand iour.
Mais si ma gloire veut que ie te satisface,
Il faut qu'auparauant Brute implore ma grace,
Que son orgueil soubmis aux pieds de son vainqueur
Tasche de meriter cette illustre faueur.
Si le sang de Cesar demande sa vengeance,
Estant Dieu maintenant il ayme la clemence?
Et l'on apaise moins vne Diuinité
Par vn sang criminel, que par l'humilité.

MAXIME.

Seigneur, ie connoy Brute, & sa vertu seuere
Luy deffend de souffrir vn destin si contraire:
Il en rompra le cours, & ce cœur indompté
Preuiendra par sa mort l'effet de ta bonté.

OCTAVE.

Cependant il s'enfuit, & n'oseroit paraistre.

MAXIME.

N'offence pas, Seigneur, la gloire de mon Maiſtre:
Il fuit pour mourir libre, & par vn noble effort
Goûter auec loiſir, le plaiſir de la mort.
Voila, voila Seigneur, le ſujet de ſa fuite.

OCTAVE.

Dans l'eſtat où ie voy ſa fortune reduite,
Il faut, il faut enfin, qu'il tombe dans nos mains,
Et pour s'en garantir tous ſes efforts ſont vains.
Mais Valere reuient.

SCENE DERNIERE.

VALERE.

Seigneur Brute & sa femme
Sont morts, l'vn par le fer, & l'autre par la flamme.

OCTAVE.

O! Ciel tout mon triomphe a pery par leur mort:
Mais Valere aprends-moy par quel bras, par quel sort
Ils ont trahy vos soins, & trompé ma clemence.

VALERE.

Seigneur, leur desespoir a déçeu ma prudence.
Ayant rencontré Brute, & voyant nos soldats,
Qui le suiuent de prés, & ne l'épargnent pas,
Je deffens qu'on le tuë, & fais qu'on s'estudie
De lasser sa valeur en espargnant sa vie.
Brute, qui veut mourir, se met en bute à tous,
Se deffend de nos mains, & non pas de nos coups,
Et soigneux seulement d'éuiter la surprise,
Jl expose son sang, & deffend sa franchise.
Le nombre enfin l'accable, & son bras abatu
Par vn dernier effort secourant sa vertu
Contre son propre flanc tourne toute sa rage:
On se saisit de luy, mais malgré son seruage,
Son ame suit son sang, & rit de nos efforts.
Mettez (dit-il) aux fers ce miserable corps,
Vuide du sang Romain, & de l'ame de Brute.
Il tombe auec ces mots d'vne mortelle cheute.
Sa femme qu'on conduit assiste à son mal-heur,
Iugez quel fut alors l'excez de sa douleur,
Je la vois aussi-tost succomber de tristesse.

Mais

Mais vn prompt deſeſpoir ſouſtenant ma foibleſſe,
L'a fait jetter ſur Brute, & ſans noſtre ſecours
Sa main du méme fer alloit trancher ſes iours.
Quand de ſes belles mains j'eus arraché l'eſpée ;
La douleur l'interdit en ſe voyant trompée,
Et ſon corps abatu ſous le poids des douleurs,
Tombe ſur Brute mort, qu'elle arrouſe des pleurs.
Elle baiſe ſa bouche, & d'vn ſoûpir de flamme
Vers ce corps tout ſanglant pouſſe toute ſon ame.
Quoy (dit-elle) ſans moy mon Brute a pû mourir.
Puis regardant la main, qui l'auoit fait perir ;
Cette main, ce témoing d'vne amitié ſi rare,
Elle, qui nous vnit, maintenant nous ſepare.
Ah ! rigueur, à ces mots pouſſant vn grand ſoûpir,
Elle ſemble expirer à faute de mourir.

OCTAVE.

O ! Dieux que la pitié ſenſiblement me bleſſe ;
Ie ſouffre ſes douleurs, ie reſſens ſa foibleſſe.
Conte moy promptement la fin de ſon mal-heur,
Et par vn court recit abrege ma douleur.

VALERE.

Elle se leue enfin, & sans paroistre émeuë,
Elle aproche vn grand feu qui s'offroit à sa veuë,
Et passant tout d'vn coup dans vn grand desespoir,
Par vn soudain transport que ie ne puis préuoir,
Prent des charbons ardans, & d'vne bouche auide
Deuore auec plaisir cette braise homicide.
Elle vouloit parler, mais ses nobles desirs
S'expliquent seulement par de bruslants soûpirs.
Son mal s'accroist tousiours, et la flamme luy vole
Les charmes du visage, & ceux de la parolle.
Je la veux secourir, mes soins sont superflus:
Sa bouche est tout en feu, quand ses yeux n'en ont plus.
Cette chaleur l'estouffe, & sa bouche allumée
Pousse auec sa belle ame vn globe de fumée.

OCTAVE.

O! miracle inoüy de generosité.
Triste effet de ma haine, et de ma cruauté!
Falloit-il que le sort la rendit mon esclaue,
Pour reprocher sa mort au triomphe d'Octaue?

Que je hay ma fortune, & ce superbe rang
Qui pour vn peu de gloire à cousté tant de sang.
Qu'on deliure Maxime, & que sa deliurance
Apres tant de rigueurs signale ma clemence.

Fin du cinquiéme & dernier Acte.

www.ingramcontent.com/pod-product-compliance
Lightning Source LLC
Chambersburg PA
CBHW060636100426
42744CB00008B/1646

* 9 7 8 2 0 1 2 1 8 1 6 0 1 *